VENCIENDO LOS ATAQUES DE ANSIEDAD

5 PASOS SENCILLOS PARA ELIMINAR LOS ATAQUES DE ANSIEDAD SIN ESFUERZO

ED JONES

INTRODUCCIÓN

Quiero agradecerte y felicitarte por descargar el libro, Venciendo los Ataques de Ansiedad: 5 pasos sencillos para eliminar los ataques de ansiedad sin esfuerzo.

Este libro contiene pasos demostrados y estrategias sobre cómo eliminar por completo ataques de pánico en 5 pasos sencillos para retomar el control de tu vida rápida y fácilmente.

Este libro también incluye un breve panorama de los ataques de pánico y trastornos del mismo. Da también sus definiciones a si como sus principales causas y síntomas. El conocer sobre ataques de pánico y trastornos de pánico puede realmente ayudar a estar preparado en caso que experimentes un síntoma familiar.

Por otra parte, este libro debate las 5 técnicas sencillas y estrategias a utilizar y quieres superar tus ataques de pánico rápida y eficazmente. Estos pasos constan del uso de técnicas respiratorias y de meditación para mejorar tu condición para que puedas retomar el control de tu vida.

Gracias de nuevo por descargar este libro, espero lo disfrutes!

¿QUÉ SON LOS ATAQUES DE PÁNICO?

Los ataques de pánico apestan. Permíteme decirlo. Si alguna vez has experimentado de uno, sabes a lo que me refiero.

Lo irritante es que tu cuerpo solo está haciendo su trabajo. Creé que estas en peligro así que activa el estado de lucha y huida.

Google define un ataque de pánico como:

"un pensamiento repentino de ansiedad grave e incapacitante"

Lo que parece resumirlo claramente.... que mala onda.

Algunas personas experimentan ataques de pánico muy raramente y otros tienen una lucha constante contra ellos, a veces incluso diariamente. Si es tu caso, siento tu angustia, puedo apreciar tu lucha y créeme, hay varias soluciones muy sencillas que puedes comenzar a implementar *hoy.*

Personalmente, cuando sufría de estos ataques, padecía de agorafobia extrema y apenas podía abandonar mi cuarto. Más tarde, tuve ataques masivos mientras conducía, en particular en autopistas y sentía la llegada de un ataque con tan solo pensar en tener que conducir en una.

No siempre hay un patrón o motivo de porque los ataques de pánico suceden. En algunos casos, como el mío y mi problema con las autopistas, era muy obvio que me ocasionaría un ataque. Tenía ansiedad extrema en una situación en específico.

También sufría de ataques de pánico repentinos y sin aparente motivo, en situaciones que por las que ya he pasado sin ningún problema.

Pase por una en una cena con la familia de mi esposa… fue divertido.

Según estadísticas, al menos uno de cada diez individuos experimenta ataques de pánico en algún momento. Al igual, al menos uno de cada cincuenta individuos sufre trastornos de pánico.

Tan solo en los Estados Unidos, más de 60 millones de individuos experimentan ataques de pánico y más de 3 millones sufren trastornos de pánico _ así es cuan común son los ataques de pánico y sus desordenes! Así que descuida, no estás solo.

Señales y Síntomas de un Ataque de Pánico

Las señales y síntomas de un ataque de pánico tienden a manifestarse abruptamente. Regularmente alcanzan la cima dentro de unos minutos y pueden durar hasta 30 minutos (por lo general mucho menos) y a veces llegan en ciclos.

Aquellos que pasan por ataques de pánico por lo general observan que experimentan una o más de lo siguiente:

- Mareo
- Falta de aire
- Transpiración
- Dolor de estómago
- Aturdimiento
- Hiperventilación
- Sequedad en la boca
- Dolores de pecho
- Entumecimiento
- Temblores

- Sensaciones de hormigueo
- Sofocos fríos y calientes
- Sensación de ahogamiento
- Temor de perder la cordura
- Temor de morir

Si tu experimentas un ataque de pánico y detectas alguno de estos síntomas físicos, quizá equivocadamente pienses que tienes un trastorno físico debido a los síntomas tan reales que sientes en el momento. Esta no es la casusa. En serio. Has pasado por ataques de pánico antes estás bien, ¿cierto? Sin ataques al corazón, sigues cuerdo, sin problemas de salud en curso, etc. Al igual, incluso si sientes que realmente estas por morir, existe una alta probabilidad que no sea así.

Los síntomas de ataques de pánico ocurren antes de que el cerebro ponga en sobre marcha impulsos nerviosos hacia otras partes de tu cuerpo. Así que cuando tienes un ataque de pánico, tu cuerpo puede liberar más hormonas, incluyendo la adrenalina. Esto te incita a activar el estado de lucha y huida.

El estado de lucha y huida es algo que está adherido en tu sistema. Comenzó desde nuestros ancestros de la era Paleolítica cuando tenían que afrontar el peligro o huir para mantenerse seguros y con vida. En el presente, aún experimentamos esa reacción de lucha y huida cuando nos enfrentamos a una situación peligrosa, o al menos, una situación que percibimos peligrosa.

Lo que podrás descubrir es que tu cuerpo también puede tener la misma reacción al pasar por un ataque de pánico. Puedes hiperventilar o respirar muy pesadamente. Al hacer esto, inhalas cantidades fuertes de dióxido de carbono, ocasionando un cambio en la acidez de la sangre. Esto lleva a otros síntomas como calambres, confusión, y a veces desmayo (muy raro!).

Este desbalance no es dañino en absoluto pues, una vez que te tranquilizas, el cuerpo naturalmente pondrá todo en equilibrio de nuevo. Es básicamente solo un episodio de respirar despacio.

Si te identificas con cualquier cosa que acabas de leer, no te preocupes! Existen fantásticas herramientas y técnicas para sobrellevar esto y retomar el control de tu vida hoy!

Causas de Ataques de Pánico

Los expertos no han podido señalar una causa exacta de ataques de pánico, pero han encontrado que la genética e historial familiar tienen algo que ver. Aquellos cuyos miembros de la familia tienen trastornos de pánico son más propensos a tenerlos.

Además, los ataques de pánico pueden ser desencadenados por exposición a situaciones estresantes como hablar en público o cruzando un puente e incluso algunos alimentos y bebidas pueden tener un impacto como lo veremos más tarde.

Superación de Ataques de Pánico y Trastornos de Pánico

Ahora, esto puede sonar un poco pesimista, pero no temas! Hay herramientas y técnicas increíbles para superar estos problemas. Muchos de ellos encontrarás que tienen un impacto inmediato, mientras que los otros te ayudarán a estar más relajado y más feliz de manera continua.

Comencemos!

PASO 1 - PRÁCTICA DE MEDITACIÓN ATENTA

La meditación consciente es uno de los remedios naturales más eficaces y altamente recomendados para trastornos de pánico. Esta técnica consiste en estar atento a tu situación actual si hacer ningún tipo de juicio.

A través de esta técnica, podrás aprender a ver las cosas más claramente así como enfocarte más en tu situación presente. Según un estudio dirigido por investigadores de la Universidad de Lund en Suecia, una atención plena es igual de efectiva que la terapia conductual cognitiva, que es todo sobre reemplazar patrones de pensamiento negativos a positivos.

En otro estudio conducido en la Universidad de Boston, investigadores han encontrado que la atención plena le ayuda a las personas con depresión y ansiedad a desprenderse de pensamientos negativos y frenar la obsesión hacia ellos. Al final del estudio, los participantes pudieron librarse de su ciclo de depresión o ansiedad.

Así mismo, investigadores han encontrado que una meditación con atención plena puede ayudar a dormir mejor, regular sus niveles de humor, y alivianar el estrés, permitiéndote relajar y prevenir ataques de pánico.

Si quieres que tu calidad de vida mejore, no hay duda que una meditación con atención plena puede ser realmente útil y lo hermoso de esto es;

Es muy fácil de aprender!

¿Por qué la Meditación Atenta?

Meditación Atenta suena algo idealista. Sí. Claro que suena así. Trae a la mente imágenes de hippies o monjes sentados en la cima de una montaña murmurando suavemente *"ooommmmm"* a sí mismos. Aunque ese no es exactamente el tipo de meditación que nos referimos, parecen ser tipos muy relajados, ¿cierto? Quizá estén tramando algo con todo el asunto de la *meditación.*

Estamos hablando de una herramienta increíble para aprovechar en el momento presente. Ultimadamente, lo que esto hace para ayudar es ver los síntomas que tienes y verlos *objetivamente.*

¿Por qué es esto tan importante? Bien, si alguna vez has experimentado un ataque de pánico, quizá puedas atestiguar a que sin importar que lo ocasionó, cuando estas en medio del ataque, solo piensas en lo peor y estas muy lejos de ser objetivo.

"Estoy teniendo un infarto, me voy a morir. Dios mío, mi familia se pondrá triste. ¿Qué he hecho con mi vida?", y así sucesivamente.

Lo que la práctica de ser atento te ofrece es la habilidad de retroceder un poco del momento, observar los síntomas objetivamente y decir;

"Ahhh, ya veo que solo es una ligera molestia en el pecho. Está bien. No significa que estoy teniendo un infarto. Es lo que es."

"Veo que hay una serie de pensamientos de como creo que me estoy volviendo loco. No hay problema. No necesito entenderlos, simplemente saber lo que son."

"Mirando estos síntomas puedo ver que esto es mi

cuerpo reaccionando ante algo. Mi cuerpo está sobre actuando porque cree que estoy en peligro. Pero no lo estoy. Observaré estos síntomas hasta que se vayan y continúe con mi vida."

Como Practicar la Meditación Alerta

La respuesta corta es:

Toma asiento, pon atención a tu respirar, y cuando notes que tu atención esta divagando, vuelve a estar atento a la respiración.

Para poder lograr una práctica más profunda consideren lo siguiente:

- Tener buena postura con tu espalda recta y relajada en una silla o cojín. Puedes usar una manta y una almohada, aunque un buen cojín te puede servir de por vida en la práctica. Puedes sentarte en la silla con tus pies en el suelo, las piernas ligeramente cruzadas, en la posición de loto (si eres muy flexible), arrodillado, etc. Sin importar como te sientes, no hay problema, mientras estés cómodo. Solo asegúrate de estar estable y recto. Si las restricciones de tu cuerpo te impiden sentarte recto, solo encuentra una

posición cómoda que puedas mantener por un tiempo.
- Una vez que estés cómodamente sentado, comienza a sentir tu respiración por dentro y fuera. Trata realmente de seguir la respiración hasta el fondo por la boca, hasta tus pulmones, rellenando tu estómago, y después la expulsión.
- Inevitablemente, tu atención perderá enfoca en la respiración y divagará a otros lugares. Esto le ocurre a todos. Es literalmente parte de la práctica así que no te estreses por hacerlo mal!
- Cuando notes esto, ya sea en unos pocos segundos, un minuto o cinco minutos, solo vuelve tu atención a la respiración. No te molestes en juzgarte a ti mismo u obsesionarte sobre el contenido de los pensamientos.
- Tu concéntrate. La mente divaga. Notarás esto y volverás tu enfoque a la respiración, y repetir. Ésa es la práctica.

Es increíblemente simple, pero no necesariamente fácil. Solo continúa haciéndolo y obtendrás los resultados.

No es tan fácil como decir *"Me ordeno a mi mismo a renunciar a pensar en nada más que mi propia respiración que he decidido enfocarme."* Porque te encontrarás pensando en comida para gato o lo que sea. El punto es que *notes* que te has desviado. Entonces puedes gentilmente volver tu atención a la respiración y estar presente nuevamente.

Practica el dejar ir aquellas cosas que no tienes dominio. Con frecuencia, la gente se vuelve ansiosa y experimenta ataques de pánico solo por seguir con la preocupación de ciertas cosas que ocurran o que no ocurran.

Por ejemplo; no puedes controlar accidentes, calamidades naturales, los sentimientos ajenos, y un sinfín de cosas más. Recuerda que no eres Dios (a menos que lo seas, y de ser así, gusto en conocerte Dios), eres un ser humano. No puedes controlarlo todo, sin importar cuanto lo desees.

Así que cuando te envuelves en un accidente o pierdes a un ser querido, no hay nada que hacer más que aceptar el hecho y seguir adelante. Siempre trata de ver el lado positivo del incidente, sin importar que tan duro pueda ser al momento.

Digamos por ejemplo, que estas pasando por un divorcio. En lugar de verlo como una gran pérdida, puedes verlo como una oportunidad para un nuevo comienzo.

Cuando empiezas a ver y a concentrarte en lo positivo de todo, encontrarás a un más de eso mismo. Si naturalmente tienes más cosas buenas y positivas en la vida, ¿no es lógico pensar que serás más feliz y con menos ansiedad?

Adicionalmente, tu presión arterial se regularizará. Seguido, el estrés y la ansiedad ocasionan que la presión arterial aumente. Para poder traerla a su nivel regular, hay que permitir que las vesículas sanguíneas se dilaten. Puedes contribuir en esto respirando profundamente y liberando la tensión.

Interesantemente, la ansiedad no solo afecta la mente, sino también afecta el cuerpo. Puede desencadenar varios cambios y síntomas físicos. La ansiedad excesiva puede activar el estado de lucha y huida en tu sistema, ocasionando que tu sistema nervioso linfático libera la hormona estresante cortisol. Esto, a su vez, puede incrementar los niveles de azúcar en la sangre y triglicéridos.

También puede causar dificultad para respirar,

mareos, sequedad en la boca, nausea, transpiración y ataques de pánico.

Lo realmente positivo de esto es que una vez que revisas tu ansiedad con estos pasos, podrás observar una mitigación en problemas de salud potencial y persistente, o al menos una reducción. Cuando practicas las técnicas de relajación activas un estado de relajación, el cual es caracterizado por sentimientos cálidos y una alerta mental silenciosa.

Genial, ¿no lo creen?

PASO 2 – PRÁCTICA DEL ESCANEO CORPORAL

La Meditación por Escaneo Corporal es una práctica popular para aliviar el estrés. Si tienes un trastorno de pánico o sufres de cualquier tipo de ansiedad, el practicar esta técnica puede realmente ayudarte a prevenir ataques de pánico y aliviar preocupaciones anteriores. Es de hecho muy similar a la relajación muscular progresiva, con la diferencia que se enfoca en las sensaciones de tus partes corporales en lugar de relajar y tensionar los músculos.

CÓMO PRACTICAR LA MEDITACIÓN POR ESCANEO CORPORAL

La Meditación por Escaneo Corporal es muy similar a la meditación consciente que acabamos de describir en su práctica y aplicación. Estas haciendo algo que te trae de nuevo al presente.

A continuación muestro detalladamente los pasos para el asombroso, *StillMind (Mente Relajada)*

1. *Siéntate en una silla para estar al tanto de tu respiración, o acuéstate, poniéndote cómodo, recostado en tu espalda o en una alfombra en el piso o en tu cama. Escoge un lugar donde puedas estar cálida y sin ser interrumpida. Permite cerrar tus ojos gentilmente.*
2. *Tómate unos momentos para entrar en contacto con el movimiento de tu respirar y las sensaciones del cuerpo cuando estés listo, trae tu consciencia a las sensaciones físicas de tu cuerpo, en espacial las sensaciones de toque o presión, donde tu cuerpo hace contacto con la silla o la cama. En cada brote, permite soltarte a ti mismo, húndete más profundo en la silla o la cama.*
3. *Recuerda de la intensión de esta práctica. Su meta no es que te sientas diferente, relajado o en*

calma; esto puede ocurrir o no. En lugar de eso, la intención de la practica es, tan mejor como se pueda, tener consciencia de cada sensación que detectas, así enfocas tu atención en cada parte de tu cuerpo.

4. *Ahora trae tu consciencia a las sensaciones físicas en el abdomen inferior, estando consciente de los patrones de cambio en las sensaciones de la pared abdominal al respirar por dentro, y por fuera. Tómate unos minutos para sentir las sensaciones en lo que inhalas y exhalas.*

5. *Una vez conectado con las sensaciones del abdomen, lleva el enfoque de tu atención a la pierna izquierda, hacia el pie izquierdo, y hacia los dedos del pie izquierdo. Concéntrate en cada dedo del pie izquierdo, trayendo una leve concentración para determinar la calidad de las sensaciones que encuentres, quizá notando la misma sensación de contacto entre los dedos, una sensación de hormigueo, calidez, o ni una sensación en particular.*

6. *Cuando estés listo, al inhalar, siente o imagina el aire entrando a los pulmones, y después hacia el abdomen, hacia la pierna izquierda, el pie izquierdo, y hacia los dedos del pie izquierdo. Después, al exhalar, siente o imagina el aire*

entrando de vuelta, fuera del pie, dentro de la pierna, hacia el abdomen, pecho, y fuera por la nariz. Dando tu mejor esfuerzo, continua esto por varios respiros, inhalando hacia los dedos de los pies, y exhalando desde los dedos de los pies. Puede ser difícil acostumbrarse a esta práctica, solo practica esta "respiración hacían dentro" tan bien como puedas, de una manera juguetona.

7. *Ahora, cuando estés listo, en una exhalación, suelta la concentración de los dedos, y ahora concéntrate en la sensación en la planta del pie izquierdo_ trayendo una consciencia hacia la planta del pie, el empeine, el talón (observa la sensación cuando el talón hace contacto con la alfombra o la cama). Experimenta con las sensaciones_ estando consciente de la respiración como ruido externo, mientras que en el primer plano explen las sensaciones del pie izquierdo.*

8. *Ahora permite que la consciencia se expanda hacia el resto del pie_ al tobillo, la parte superior del pie, y directo en los huesos y coyunturas. Después, exhalando un poco más profundo, dirigiéndolo hacia abajo al resto del pie izquierdo, y cuando finalmente exhales, suelta por completo tu pie izquierdo, permitiendo que el enfoque de tu concentración*

se mueva hacia la pierna baja izquierda, la pantorrilla, la espinilla, la rodilla, y así sucesivamente.

9. *Continúa trayendo consciencia, y una gentil curiosidad, a las sensaciones físicas de las partes restantes de tu cuerpo, la parte superior de la pierna izquierda, los dedos del pie derecho, el pie derecho, la pierna derecha, el área pélvica, la espalda, el abdomen, el pecho, los dedos, las manos, los brazos, los hombros, el cuello, la cabeza y el rostro. En cada área, haciendo tu mejor esfuerzo, aplica el mismo detallado nivel de consciencia y curiosidad en las sensaciones corporales presentes. Conforme abandonas cada área, hay que inhalar para tomar posesión, y exhalar para soltarla.*

10. *Cuando estás consciente de la tensión, o de otras sensaciones intensas en una zona particular de tu cuerpo, puedes inhalar a ellas, utilizando la respiración para traer consciencia a esa sensación, y después, como mejor puedas, libera y expulsa esa sensación al exhalar.*

11. *La mente inevitablemente perderá concentración del respiro y del cuerpo. Eso es normal. Es lo que la mente hace. Cuando lo notes, reconoce ese hecho, detectando hacia donde se ha*

ido la mente, y después torna tu atención a la parte de tu cuerpo que pretendías enfocarte.

Después de que hayas "escaneado" tu cuerpo entero de este modo, invierte unos minutos ahora estando consciente de tu cuerpo en su totalidad, y en la respiración que fluye libremente dentro fuera del cuerpo.

Si notas que te estás quedando dormido, puede ser de ayuda apoyar la cabeza en una almohada, abrir los ojos, o hacer la práctica estando sentado en lugar de estar recostado.

Puedes ajustar el tiempo invertido en esta práctica usando partes extensas del cuerpo para estar consciente de éste, o bien invertir un tiempo más corto o largo con cada parte.

PASO 3 – PRÁCTICA DE ANCLAJE

No siempre es fácil controlar los nervios. Necesitas de habilidades suficientes. Piénsalo de esta manera; Te han pedido dar un discurso. Esto es algo que siempre has soñado. Sabes que si lo haces bien, quizá obtengas un aumento, podrás adquirir esa hermosa casa que siempre has querido…. Sin embargo, tienes esas mariposas en el estómago.

¿Entonces que puedes hacer al respecto? ¿Qué si hubiera un botón mágico que pudieras oprimir y que te diera calma y confianza inmediata? Pues que crees…

¿Qué es el anclaje?

En la PNL (Programación Neurolingüística), el

anclaje se refiere al proceso de asociar una respuesta emocional con un detonante para que la respuesta pueda ser rápida y potencialmente alterada.

En nuestro caso, esto significa que puedes usar el anclaje para asociar un estado mental en calma con un detonador interno para ayudar a tranquilizarte y eliminar la ansiedad rápidamente.

Esto se logra almacenando estados mentales para que puedas lanzar el ancla y establecer el estado instantáneamente.

Una breve historia:

El anclaje es parecido a los experimentos de Pavlov con los perros. Pavlov agitaba una campana cuando el perro era alimentado. Los animales salivaban cuando veían la comida. Después de hacer esto varias veces, la campana y la comida siendo juntamente mostradas, la campana por si sola hacía que los perros salivaran. Pobres perros.

Los anclas son estímulos que exponen estados mentales_ pensamientos y emociones. Por ejemplo, tocar el nudillo de la mano izquierdo podría ser un ancla. Algunos anclas son involuntarios. Quizá el olor del pan pueda recordar tu niñez. Una melodía puede recordarte de un ser amado. Un toque puede revivir memorias y hechos pasados. Estos anclas funcionan automáticamente y tu ni siquiera estés consciente de los detonantes.

Establecer un ancla significa producir el estimulo (el ancla) cuando un estado deseable está siendo experimentado para que dicho estado esté a la par con el ancla.

Los anclas pueden ser visuales, auditivos o kinestésicos y pueden ser instalados rápidamente y con facilidad (al igual que un software)

INSTALANDO ANCLAS

Es un proceso muy sencillo y una vez hecho, puedes usar el ancla cuando sea que necesites ese refuerzo de calma.

1. Decide en qué estado deseas anclar. Ejemplo, estando en calma y relajado.
2. Escoge un ancla (o anclas) que desees activen el estado deseado.
3. Recuerda algún momento vivido o situación donde puedas experimentar ese estado. Es decir, recuerda un momento o imagen donde hayas experimentado calma y relajamiento.

Una tarde ociosa en la playa o una tarde agradable con tus amigos viendo la TV por ejemplo.

4. Activa el ancla o anclas cuando la experiencia esté vívida y estés en el estado deseado.
5. Suelta el ancla cuando la experiencia se empiece a desvanecer. Si continúas aplicando el ancla cuando la experiencia esta en desvanecimiento, podrás anclar en una dosis de calma y relajación.
6. Haz algo adicional_ abre los ojos_ cuenta desde 10 para romper el estado y te distraigas.
7. Repite los pasos varias veces, cada vez haciendo la memoria más vívida. Esto no es realmente requerido cuando el ancla este establecido en el punto más alto de la experiencia. No obstante, puedes fortalecer el ancla estableciéndolo en el punto más alto de varias experiencias precisas.
8. Aplica el ancla y verifica que el estado deseado ocurra.
9. Visualiza la situación en el futuro cuando desees experimentar el estado deseado.

Lanza el ancla para verificar que cree un estado lo suficientemente vívido.
10. Revisa el ancla al día siguiente para asegurarte que es un ancla permanente.

Tips para el anclaje

- El ancla (o anclas) deben ser lanzados de la misma manera cada vez que lo relaciones con la experiencia ingeniosa.
- Haz el anclaje en la parte más alta de la experiencia conteniendo el estado deseado.
- Si no experimentas dicho estado en el futuro y en especial si experimentas ansiedad, entonces deja de aplicar el ancla. (Ese ancla te llevará a un estado negativo!)
- Existe un conocimiento que hace que el anclaje funcione que está establecido en la mente inconsciente.
- Puedes fortalecer el ancla repitiendo el proceso de arriba por varios días.
- Si estas en una situación donde experimentas el estado deseado en la realidad, entonces puedes restablecer el ancla a esa situación.

El anclaje puede ser una herramienta increíble para ayudarte a sobrellevar la ansiedad en el momento. Es muy útil para cualquier otro estado que necesitas entrar al momento.

¿Quieres sentirte más energizado? *Haz un ancla.*

Hay casi un sinfín de posibilidades, pero para fines de este libro, solo crea uno que te haga sentir en calma. Si tienes un ataque de pánico y tienes establecido un ancla, eso te traerá de nuevo calma en el instante y eso es lo que realmente queremos, ¿verdad?

RESPIRACIÓN

PASO 4 – PRÁCTICA DE TÉCNICAS RESPIRATORIAS SENCILLAS

Las técnicas respiración son altamente efectivas ante el manejo del estrés y la prevención de ataques de pánico. Puedes practicarlas cuando sea y donde sea que estés. Así que aún cuando no puedas escapar de una situación estresante, sí puedes mantener la calma y prevenir el inicio de un ataque de pánico.

Estas técnicas te permiten experimentar alivio del estrés sin ir a ninguna parte. Puedes permanecer en tu escritorio y practicar los ejercicios respiratorios. Puedes hacerlos mientras conduces. Puedes hacerlo cuando estés con tus amigos, y de esta forma, siempre tendrás una herramienta a tu disposición cuando te sientas ansioso y puedas rápida y fácilmente auto tranquilizarte.

Ahora, puedes intentar millones de ejercicios (y sugiero que lo hagas). Puedes invertir horas en el YouTube y en blogs intentando diferentes métodos, pero para mí, una técnica se mantiene por encima del resto. Es tan fácil, tan rápida y eficaz. La uso para tranquilizarme si estoy pasando por un ataque de pánico o siento que esta uno por venir. La uso para quedarme dormido. La uso para relajarme si estoy nervioso por dar un discurso. La uso para todo y para lo que sea.

El Ejercicio 4-7-8

Si solo absorbes una cosa de este libro, **que sea éste.**

Esta pequeña técnica ha tenido para mí el _mayor impacto_ para reducir mis ataques de pánico.

"El Ejercicio de Respiración 4-7-8" también llamado *"La Respiración Relajante"* está basada en el pranayama, una antigua práctica India que significa *"regulación de la respiración".* El ejercicio es descrito por el Dr. Andrew Weil como *"un tranquilizante natural para el sistema nervioso"* que lleva al cuerpo a un estado de calma y relajación. ¿Suena bien no?

Hay diferentes teorías de porqué funciona tan bien pero la creencia principal es que estimula la expulsión rápida de dióxido de carbono del cuerpo.

La técnica del Dr. Weil es maravillosamente sencilla, no toma casi nada de tiempo, y puede realizarse en cualquier lugar con solo 5 pasos. A pesar de que puedes hacer el ejercicio en cualquier posición, es recomendado hacerlo sentado con la espalda recta mientras aprendes el ejercicio, así como la posición que habíamos comentado para la meditación.

El Dr. Weil explica: "colocar la punta de la lengua en la encía por encima de los dientes frontales y mantenerla ahí durante el ejercicio entero. Se exhalará por la boca alrededor de la lengua; trata de contraer los labios ligeramente si te sientes algo incómodo." Esto va seguido de los 5 pasos mencionados a continuación:

1. Exhalar completamente por la boca, emitiendo un sonido silbante.
2. Cerrar la boca e inhalar rápidamente por la nariz contando mentalmente hasta cuatro.
3. Mantén la respiración y cuenta hasta siete.
4. Exhala completamente por la boca, emitiendo el sonido silbante contando hasta ocho.
5. Este es un solo respiro. Ahora inhala de nuevo y repite el ciclo tres veces más completando un total de cuatro respiros.

El Dr. Weil enfatiza que lo más importante del proceso es contener la respiración por ocho segundos. Esto se debe a conteniendo la respiración permitirá que el oxigeno llene tus pulmones para que después circule por el cuerpo. Eso es lo que produce un efecto relajante en el cuero.

Lo he mencionado antes y lo dirá de nuevo:

ESTA TECNICA UNICA TE EVITARÁ DE UN ATAQUE DE PANICO

Si sientes que estas por experimentar uno o estás en medio de uno, solo realiza un par de ciclos de éste ejercicio respiratorio y estarás en calma en muy poco tiempo!

PASO 5 – PRÁCTICA DE RESPIRACIÓN DE YOGA

A veces cuando el día se vuelve muy estresante, puedes tener dificultades para dormir por la noche. Algunas personas tienen rituales para dormir, como; encender una vela con incienso, escribir en el diario, meditar, o beber té de manzanilla (yo prefiero un Desayuno Inglés con té, pero como te sientas mejor).

Si la meditación no es lo tuyo, puedes cosechar beneficios similares sin practicar. El yoga incorpora un par de técnicas respiratorias que pueden serte de utilidad.

No te preocupes. No voy a pedirte que realices posiciones extravagantes de yoga. Yo tampoco puedo hacerlo. Lo que está explícito a continuación son ejercicios de respiración adicionales que se han usado por literalmente miles de años entre los practicantes de yoga con resultados bastante sólidos.

Alternar fosas nasales al respirar

Ésta técnica de respiración estilo yoga fomenta una relajación profunda a través del balance de los hemisferios izquierdo y derecho del cerebro conforme el sistema nervioso se va calmando.

- **Siéntate con ambas piernas cruzadas o encima de una almohada.** También puedes arrodillarte de lado de la cama. Ten la libertad de usar cobijas o cualquier otro objeto que te sirva de soporte adecuado.
- **Descansa tu mano izquierda en el muslo izquierdo.** Los dedos de tu mano derecha deberán estar extendidos como si fueras a saludar a alguien. Dobla el dedo índice y el de en medio para que puedan ondularse dentro de la palma.
- **Coloca el pulgar en el lado de la nariz y ligeramente toca la fosa nasa.** Cuando toques las fosas, ten cuidado de no ser obstructivo. La idea el limitar el flujo de aire temporalmente en una fosa.

- **Inhala profundamente y exhala.** Cierra la fosa nasal derecha usando el pulgar. Respira a través de la fosa izquierda por cuatro segundos. Cuando llegues al topa de ese respiro, debes cerrar la fosa izquierda usando el dedo anular.
- **Por cuatro conteos, mantén esta posición para retener el aliento. Libera la fosa nasal derecha y exhala por cuatro segundos.**
- **Después, inhala profundamente por cuatro segundos a través de la fosa derecha.** Al igual que antes, ciérrala, mantén la posición y reten el aliento por cuatro segundos. Libera la fosa izquierda en lo que exhalas completamente por cuatro segundos. Respira profundamente a través de la fosa izquierda y repite el ciclo entero.

Puedes hacer esta técnica respiratoria tan frecuente como lo desees. Cuando termines, continuarás con tu jornada en un estado más relajado.

Respiración de garganta profunda

Esta técnica respiratoria también proviene del yoga. Relaja el cuerpo y tranquiliza la mente. Quizá sea mejor estar en la cama o en un suelo cómodo para esto. Recomendaría hacer el intento justo antes de ir a dormir para que sea de ayuda para descansar por la noche.

- **Simplemente recuéstate boca arriba con tus piernas posicionadas a la altura de tus caderas. Relaja tus brazos en tus costados y cierra los ojos.**
- **Respira profundamente a través de la nariz y exhala por la boca.** Con cada respiro deberás llenar tus pulmones en su totalidad. De una manera similar, con cada exhalación, hazlo en su totalidad.
- **Después de tres ciclos de respiración,** inhala a través de la nariz por cuatro conteos aplicando a la vez un poco de presión en la parte posterior de la garganta. De esta manera, sentirás como si estuvieras respirando a través de un popote en la parte trasera de la garganta además de llenar tus pulmones con aire.
- **Deberás notar el sonido de la respiración imitando el sonido de las olas que van y vienen.** Este sonido es de mucho apoyo para ayudar a quedarte dormido. Puedes

compararlo con el suave ronquido de un bebe.

- **Contén la respiración al tope por cuatro segundos en lo que en silencio observas tus sentimientos.** Deberás aspirar a sentirte relajado y satisfecho. Exhala por la nariz por cuatro segundos haciendo un poco de presión en la garganta..
- Una vez que tus pulmones hayan liberado todo el aire, deberás empezar a sentirlos de nuevo.
- Respira profundo por seis segundos y retén el aliento por otros seis segundos.
- Por último, exhala por seis segundos.
- Repite este procedimiento respiratorio, añadiendo dos segundos por cada ciclo.

Después de que hayas alcanzado tu capacidad máxima de respiración y contención, puedes empezar a eliminar un par de segundos a la vez. De manera que, si doce segundos es el monto máximo de tiempo que puedes hacer, entonces tu siguiente ronda podría reducirse a diez segundos. Continúa substrayendo dos segundos cada vez, para que la próxima ronda sea de ocho años, y así sucesivamente.

Cuando llegues a los cuatro segundos, puedes liberar todo y regresar a la respiración normal. Ahora que has relajado tu cuerpo y mente, puedes disfrutar de dormir en paz y despertar sintiéndote más fresco y rejuvenecido.

LO QUE COMES AFECTA EL CEREBRO

"*Tú eres lo que comes.*"

Todos hemos escuchado esto. Es usualmente un comentario bien intencionado para animarte a alejarte de las papas y hamburguesas hacía algo más verde y saludable.

Solía hacer caso omiso, especialmente en mis años de juventud. Creía que podía comer lo que quería (regularmente un plato de pasta) y estar bien. Y ese fue el caso… por un tiempo.

En un momento durante mi adolescencia, perdí mi empleo. En ese entonces fue lo mejor que me había sucedido.

"Me estás diciendo que puedo irme a dormir cuando

quiera, dormir por 13 horas, levantarme cuando quisiera y básicamente pasar mis días sin hacer nada? Apúntame, suena excelente!

Esa fue esencialmente mi actitud. Mucho ha cambiado desde entonces y ya no soy la misma persona de antes. Me levanto temprano todos los días tratando de dar lo mejor de mí y esforzándome hacia grandes metas, pero en aquel entonces, esta mentalidad floja me hacía sentido.

El punto es, que cuando era joven y perdí mi empleo, comencé una rutina de dormir en exceso, despertar y comer un plato grande de pasta y después me sentía cansado, desubicado y desanimado el resto del día.

Dormía alrededor de 12-13 horas al día y aun así estaba cansado todo el tiempo. ¿Qué ocurría? No es de sorprenderse que esta "vida sin metas" ocurriera en el periodo en que la ansiedad y la depresión tocaron mi puerta por primera vez. ¿Coincidencia? No lo creo.

Encontré un cambio drástico en mi energía y ansiedad cuando encontré un trabajo y empecé a "comer" mejor en el trabajo. Mi ansiedad se fue. Mi depresión se fue. Era más feliz porque estaba más saludable. Como puedes adivinar por el título de esta sección, mi opinión en este asunto es muy claro:

LO QUE COMES AFECTA TU HUMOR!

Hay muchos estudios de como las bacterias intestinales afectan tu humor y hay muchos estudios de como una diferencia en la alimentación afecta en cómo te sientes.

Un ejercicio muy sencillo;

Como un ejercicio simple, ¿alguna vez has almorzado?... Me lo imaginé. Ahora, ¿has almorzado un GRAN almuerzo? Me refiero a un par de sándwiches o quizá algo de pasta, un refresco y una galleta de chocolate o dos de postre.

Ahora dime, ¿cómo te sientes después de una hora?

¿Sentías como si estuvieras por quedarte dormido y no podías pensar con claridad? ¿Te sentías un poco lento y letárgico el resto del día? Muy probablemente. (De no ser así, eres una especie de anomalía médica y podrás ganar mucho dinero vendiendo tu cuerpo a la ciencia).

Esto es solo una sencilla ilustración de como los alimentos pueden afectar inmediatamente tu mente y fisiología.

No es de mucha exageración entonces, si esa porción adicional de azúcar en el almuerzo pueda afectarte tan drásticamente que optar por una dieta subóptima pueda contribuir en otras cosas en el largo plazo, en especial, la ansiedad y ataques de pánico.

Sabemos ya que los carbohidratos en exceso causen obesidad (no te preocupes, esto no se está volviendo un libro sobre la dieta). Con el aumento en la tasa de obesidad, estamos viendo una fuerte correlación con un incremento en enfermedades neurodegenerativas como lo es el Alzheimer, ésta siendo denominada por científicos como diabetes tipo 3, ya que resulta de una resistencia a la insulina en el cerebro.

En fin, lo que la ciencia dice, es que el exceso de carbohidratos en altas cantidades durante un periodo de años puede causar daños muy severos en la sangre y la mente.

PERO...

La buena noticia es que *siempre* hay algo que puedes hacer.

La respuesta parece ser en tener una dieta de menor consumo de carbohidratos y mayor consumo de grasa saludable.

¿Por qué lo preguntas?

Estamos empezando a ver evidencia sólida que las grasas saludables mejoran las funciones cognitivas en pacientes con Alzheimer.

Si ese enunciado por sí solo no te entusiasma, ese mismo concepto está siendo aplicado en otras áreas de la medicina. Son muchos los científicos entusiasmados con el hecho de que una dieta baja en carbohidratos, y alta en grasa (llamada "dieta cetogénica) parece tener un efecto muy pronunciado en la inflamación del cuerpo así como todo un sinfín de beneficios.

Yo traté de seguir una dieta cetogénica por un mes. Tuve cero ataques de pánico. Después traté de consumir carbohidratos de nuevo y estos comenzaron de nuevo.

También he experimentado eliminando la cafeína como ya he mencionado. (Bueno, al menos con el café. Soy Británico así que de ninguna manera dejaré el té) He tenido resultados muy exhaustivos en mis cambios.

No más cafeína = No más ansiedad.*

*Al menos para mí!

Ahora, no quiero que este capítulo sea una incitación a un estilo de vida de bajos carbohidratos, ya que encontrarás una infinidad de libros y blogs afirmando que es lo mejor después del pan rebanado. Lo que quería mostrarte es que lo que comes afecta como tu sentir y tu desempeño.

Así que cuando te digo que intentes dejar la cafeína por 30 días y observa cómo se reduce la ansiedad…

Sé que funciona, y este capítulo está por demostrártelo.

Lo que dejas entrar a tu cuerpo hace una gran diferencia en tu ansiedad y reacciones ante el pánico.

Así que come mejor y siéntete mejor por eso!

GUÍA RÁPIDA PARA COMENZAR

Bien, todo esto es bueno. Pero, ¿cómo puedes implementar cualquiera de lo visto?

Mantengámoslo simple;

1. Intenta el ejercicio respiratorio 4-7-8 cuando sientas que está por venir un ataque de pánico o en cualquier momento que desees estar relajado...Haz el intento... adelante, te espero.
2. Elimina la cafeína (solo por 30 días)_ Podrás disfrutar de mocha latte doble o triple después de un mes si no sentiste alguna diferencia.
3. Empieza a practicar la meditación atenta

diariamente_ solo se requiere de 10 minutos. Si solo tuvieras que dedicar 10 minutos al día en algo que elimine tu ansiedad y ataques de pánico, ¿lo harías? Exacto, es lo que pensé.

El objeto de cualquiera de las técnicas escritas en el libro es que sean practicadas cuando no las necesites, de esta manera puedas recurrir a ellas con facilidad cuando si hagan falta.

La mayoría de ellas pueden ser realizadas dondequiera, en cualquier momento y sin que nadie lo note. Aun si tienes que disculparte por un minuto o dos e ir al baño a realizar un par de ciclos respiratorios profundos, no es tanto el inconveniente a comparación de tener un ataque de pánico mientras estés en medio del trabajo en tu escritorio!

Así que comienza a practicar y verás que tu ansiedad comenzará a reducirse cada vez más hasta que puedas vivir tu vida al máximo!

Siempre tienes una elección y elegir la eliminación de la ansiedad parece ser una muy buena elección.

POSTFACIO

Los ataques de pánico pueden ser una experiencia horrible para cualquiera, pero dadas las herramientas y técnicas apropiadas, cualquiera puede vencerlas y vivir una vida plena.

Los métodos descritos en este libro te ayudarán a tomar el control, por si alguna vez sientes que otro ataque está por venir, tengas todo lo necesario para retomar el control, y rápidamente.

Ahora cuentas con las herramientas para reducir la frecuencia de los ataques hasta que se vuelvan una memoria muy distante.

Puedes hacerlo. No es tan difícil. Si realmente quieres cambiar y deshacerte de los ataques de pánico, los pasos descritos en este libro te llevaran al objetivo.

Ahora ve y vive tu vida bajo tus propios términos!!!

GRACIAS

Gracias de nuevo por descargar este libro!

Espero que este libro te haya sido de ayuda para eliminar los ataques de pánico y retomar el control de tu vida.

El siguiente paso es salir y vivir tu vida al máximo!

Por último, si disfrutaste este libro, quisiera pedirte un favor, ¿serías tan amable de dejar una reseña de este libro en Amazon? Te lo agradecería mucho!

Gracias y buena suerte!

Ed Jones

www.ingramcontent.com/pod-product-compliance
Lightning Source LLC
Chambersburg PA
CBHW030233100526
44583CB00013BA/1063